AF460023

SOMMAIRE ET HISTORIQUE DES CULTES CORÉENS

(conférence faite au Musée Guimet le 17 décembre 1899)

PAR

MAURICE COURANT.

Extrait du «T'oung-pao», Série II, Vol. IV.

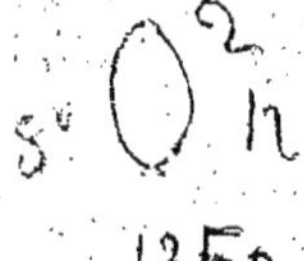

LIBRAIRIE ET IMPRIMERIE
CI-DEVANT
E. J. BRILL.
LEIDE — 1900.

SOMMAIRE ET HISTORIQUE DES CULTES CORÉENS [1])

(conférence faite au Musée Guimet le 17 décembre 1899)

PAR

MAURICE COURANT.

I.

Religion officielle: culte des mânes et des esprits de la nature.

L'esprit en l'honneur duquel on célèbre le culte, est en général représenté par une tablette sur laquelle son nom est inscrit, *sin tjyou*, 神主, *sin oui hpan*, 神位版, et qui pour l'occasion est placée sur un trône, *tjoa*, 座.

Le nom du sacrifice varie: *tjyei*, 祭, et *să*, 祀, s'appliquent au culte des esprits de la nature, le premier terme pour les esprits terrestres, le second pour les esprits célestes: 享, *hyang*, est réservé aux mânes; *keui*, 祈, est une demande (*keui ou*, 祈雨), ou une annonce faite aux esprits (*keui ko*, 祈告); pour le culte de Confucius, on trouve les expressions *hyang*, 享, *syek tyen*, 釋奠. Chaque terme, bien qu'offrant un sens qui lui est propre, est cependant en partie déterminé dans son emploi par les mots qui le complètent, si bien que les indications ci-dessus n'ont pas une valeur absolue. Les sacrifices sont faits les uns à époque fixe, par exemple à la nouvelle et à la pleine lune, à chaque saison, au printemps et à l'automne suivant les cultes; les autres ont lieu lorsqu'un évènement en amène la nécessité, par exemple quand on doit annoncer un fait aux esprits ou implorer d'eux une grâce. Le roi est de droit le sacrificateur; il officie en personne ou par ses représentants, délégués spéciaux ou fonctionnaires provinciaux; le principal sacrificateur est assisté d'acolytes divers, maîtres des cérémonies, invocateurs, *tchyouk*, 祝, et autres, qui sont des aides et nullement des prêtres; il n'y a pas de sacerdoce constitué à part.

Le sacrifice consiste essentiellement dans l'offrande, *hen*, 獻, *tyen*, 奠, d'encens, *hyang*, 香, d'étoffes, *hpyei*, 幣, de vin, *tjyou*, 酒, de divers mets, et dans la lecture d'une prière, *tok tchyouk moun*, 讀祝文; pour les grands sacrifices, à différents moments de la cérémonie, les musiciens chantent des hymnes et les danseurs exécutent des évolutions. Une coupe consacrée, *tjyak*, 爵, est, dans la plupart des sacrifices, remise au principal sacrificateur qui la vide, *eum pok*, 飲福; une partie des viandes consacrées, posées sur un plateau, *tjo*, 俎, lui est également remise: il les reçoit, *syou tjo*, 受胙, et il les consomme après la cérémonie. Le reste des offrandes, avec le texte de la prière, est enterré, *yei* 瘞, dans une fosse *kam* 坎, creusée à cet effet [2]). Le texte de la prière, la quantité, la nature des offrandes varient suivant les cas.

A titre d'exemple, voici la liste des offrandes qui sont placées dans un ordre fixe devant chaque tablette pour le sacrifice d'annonce, *keui ko*, 祈告, aux dieux des moissons, *sya tjik*, 社稷.

2 corbeilles hautes, en bambou, avec convercles, *pyen* 籩, l'une de *rok hpo*, 鹿脯, viande de cerf séchée, l'autre de *ryoul hoang*, 栗黃, châtaignes.

2 vases hauts, en bois, avec convercles, *tou*, 豆, l'un de *rok hăi*, 鹿醢, viande de cerf salée et hachée, l'autre de *tchyeng tchye*, 菁菹, légumes salés.

2 plats rectangulaires, en cuivre, avec pieds et couvercles, *po*, 簠, remplis de *to*, 稻, riz et de *ryang*, 粱, sorgho.

2 plats ronds, en bois ou en terre (?), avec pieds et couvercles, *kouei*, 簋, remplis de millet de deux espèces, *sye*, 黍, et *tjik*, 稷.

1 plateau à pieds, en bois rouge et noir, *tjo*, 俎, sur lequel on dispose la graisse de porc, *si syeng*, 豕腥.

1 corbeille basse, en bambou, de forme rectangulaire avec couvercle, *pi*, 篚, où l'on place les étoffes précieuses, *hpyei*, 幣.

2 cierges, *tchyok*, 燭.

L'encensoir, *hyang ro*, 香爐, et la coupe, *tjyak*, 爵, sur son support, *tyem*, 坫, sont placés au cours de la cérémonie en avant de la dernière corbeille. Enfin

2 vases en bois uni, *tai tjon*, 大尊, pleins l'un d'eau pure, *myeng syou*, 明水, l'autre de vin doux, *ryei tjyei*, 醴齊.

2 amphores en bois, ornées de nuages et de montagnes gravés au trait, *san roi*, 山罍, pleines l'une d'eau, *hyen tjyou*, 玄酒, l'autre de vin clarifié, *tchyeng tjyou*, 淸酒.

Aux grands sacrifices de printemps et d'automne en l'honneur des mêmes divinités, les offrandes sont plus abondantes, comprenant en outre de la viande de bœuf et de mouton, diverses préparations de poisson, des jujubes sèches, différents gâteaux, etc.; trois coupes, *tjyak*, 爵, sont offertes et placées devant, *tyen*, 奠, les tablettes. Pour la cérémonie de la libation et de l'offrande, *tjak hen*, 酌獻, qui se fait au temple de Confucius, il y a 2 vases renfermant de la viande de cerf, 2 cierges, 1 encensoir, 1 coupe, 1 vase d'eau, 1 vase de vin clarifié. Pour la cérémonie du salut aux tombeaux royaux, *păi reung*, 拜陵, je ne trouve mention que de vin et d'encens.

Parmi les lieux où est célébré le culte officiel, les uns, *myo*, 廟,

tyen, 殿, *să*, 祠, comprennent des bâtiments couverts et fermés, séparés par des cours et renfermés dans un mur de clôture; ces monuments, plus ou moins étendus et somptueux, sont consacrés au culte des mânes. Les autres, *tan*, 壇, sont des autels à ciel ouvert, formés d'une aire aplanie où l'on accède par des degrés et qui domine le sol environnant; ils sont entourés d'une ou deux enceintes de forme carrée ou rectangulaire, souvent assez basses et construites en pierres; l'autel et les enceintes sont orientés; au milieu de chaque face de celles-ci, une ouverture est ménagée pour servir de passage, elle est ornée de cet arc de triomphe coréen, tout en bois et que l'on nomme *hong sal moun*, 紅箭門; les autels sont pour la plupart destinés au culte des esprits de la nature.

A. Les principaux temples sont les suivants:

宗廟, *tjong myo*, appelé parfois *htai myo*, 太廟, situé en avant du Palais Tchyang-kyeng, 昌慶宮 (en 1891, le Vieux Palais), au centre de Seoul, mais un peu vers le nord-est; consacré aux mânes des rois de la dynastie actuelle et des reines, leurs épouses.

永禧殿, *yeng heui tyen*, dans la partie méridionale de Seoul; les portraits des rois Htai-tjo, 太祖, Syei-tjo, 世祖, Ouen-tjong, 元宗, Syouk-tjong, 肅宗, Yeng-tjo, 英祖, Syoun-tjo, 純祖, y sont conservés et y reçoivent des sacrifices; cette salle a été consacrée à cet usage en 1619.

咸興本宮, *ham heung pon koung*, ancienne habitation de Htai-tjo à Ham-heung, reconstruite après l'invasion japonaise (1610); tablettes du père, de l'aïeul, du bisaïeul, du trisaïeul de Htai-tjo.

永興本宮, *yeng heung pon koung*, ancienne habitation du père de Htai-tjo; tablette de ce dernier.

肇慶廟, *tjyo kyeng myo*, à Tjyen-tjyou, 全州; fondé en 1771 en l'honneur du premier ancêtre de Htai-tjo, qui était ministre du royaume de Sin-ra.

慶基殿, *kyeng keui tyen*, à Tjyen-tjyou; fondé en 1410, reconstruit en 1614; portrait de Htai-tjo.

濬源殿, *syoun ouen tyen*, à Yeng-heung; fondé en 1396 sur l'emplacement de la maison où est né Htai-tjo, reconstruit en 1600; portrait de Htai-tjo.

長寧殿, *tjyang nyeng tyen*, à Kang-hoa, 江華, fondé en 1695; portrait de Syouk-tjong.

璿源殿, *syen ouen tyen*, dans le Palais Tchyang-tek, 昌德宮, à Seoul; le portrait de Syouk-tjong y a été placé en 1748.

華寧殿, *hoa nyeng tyen*, à Syou-ouen, 水原; le portrait de Tjyeng-tjong, 正宗, y a été placé en 1801.

景慕宮, *kyeng mo koung*, construit en 1764. On y célèbre le culte du prince héritier Tjang-hen, 莊獻世子, de son fils Tjyeng-tjong, de son petit-fils Syoun-tjo et de son arrière-petit-fils Ik-tjong, 翼宗.

Plusieurs autres temples, nommés *koung* 宮 ou *myo* 廟, sont consacrés à divers membres de la famille royale, princes héritiers, femmes de second rang et autres. Il faut rappeler aussi que le culte est célébré, lors des anniversaires mortuaires, *keui sin*, 忌辰, et lors de diverses fêtes, aux tombeaux des rois et à ceux de quelques membres de la famille royale; les tombeaux des rois et reines, *san reung*, 山陵, sont au nombre de 47 ou 48 [3]) situés pour la plupart dans les environs de Seoul; les tombeaux de seconde et troisième classe, *ouen*, 園, et *mo*, 墓, sont au membre de plus de 10 [4]).

Le culte des ancêtres royaux est chinois de formules, de rites, les rituels coréens sont directement inspirés des rituels chinois; ces coutumes religieuses existent sous la même forme ou sous des formes très analogues depuis 988. Si l'on remonte plus haut, on trouve dans les histoires un petit nombre de faits relatifs à cette question et méritant d'être rappelés.

Au Sin-ra, «sous le roi Nam-hăi, 南解, 2e règne, la 3e «année (6 p. C.), au printemps, pour la première fois on éleva le «temple de Si-tjo Hyek-ke-syei, 始祖赫居世; aux quatre «saisons, on lui fit des sacrifices. Sa propre sœur cadette, A-ro, «阿老, présida aux sacrifices. Le roi Tji-tjeung, 智證 (500—«514), 22e règne, à Nai-eul, 奈乙, lieu de naissance de Si-tjo, «fonda un temple pour lui sacrifier. Arrivé au 36e règne, le roi «Hyei-kong, 惠恭 (765—780) pour la première fois détermina «les cinq temples: il prit le roi Mi-tchou, 味鄒 (262—284), «pour premier ancêtre 始祖 de la famille Kim, 金; les rois «Htai-tjong 太宗 (654—661) et Moun-mou 文武 (661—681), «ayant pacifié le Păik-tjyei et le Ko-kou-rye, et ayant de grands «mérites, furent l'un et l'autre des ancêtres dont les générations «successives ne [devaient] pas abolir [le culte]; en y joignant ses «deux temples les plus proches, cela fit cinq temples» (S.k.s.k.).

Je n'accorde qu'une importance médiocre à la date de l'an 6 de l'ère chrétienne: l'histoire de cette époque reculée ne peut être acceptée que comme l'écho d'une tradition plus ou moins précise. Du moins peut-on retenir que la tradition fait remonter jusqu'à la mort même de Hyek-ke-syei le culte de ce fondateur du royaume; une femme fut chargée de présider aux cérémonies, coutume étrangère à la Chine et qui rappelle le Japon, avec les prêtresses de race impériale, *oho mi kamu no ko*, 大御巫, des temples d'Ise, 伊勢, et de Kamo, 賀茂. En Chine, le Fils du ciel avait sept temples pour ses ancêtres, les feudataires en avaient cinq; le décret du roi Hyei-kong marque donc la reconnaissance officielle de l'influence des rites chinois. Mi-tchou, qui fut considéré comme premier ancêtre, est le premier personnage de la famille Kim qui soit monté sur le trône, mais cette famille tirait son origine de Al-tji, 閼智, qui fut élevé par le roi Htal-hăi, 脫解 (57—80) et qui devint premier ministre. Les deux derniers temples furent ceux du père et de l'aïeul du roi: à la mort de chaque roi, la tablette de son aïeul était déposée dans une salle secondaire et le nouveau mort le remplaçait dans le culte. Il n'est pas question à cette époque des anciens temples de Si-tjo Hyek-ke-syei; il n'en faut toutefois pas conclure qu'ils aient été abandonnés; car ce personnage était le fondateur du royaume, de plus il appartenait à une famille différente nommée Pak, 朴; son temple ne pouvait être compris dans les cinq temples des Kim.

Le *Sam kouk să keui* indique aussi les jours où avaient lieu les prières dans les cinq temples. «Dans l'année, on faisait six fois des «sacrifices dans les cinq temples; c'était le 2e et le 5e jours de la «1ère lune, le 5e jour de la 5e lune, dans la première décade de «la 7e lune, le 1er et le 15e jours de la 8e lune et au jour mar«qué *in* 寅 [5]) dans la 12e lune». Je ne sais comment l'auteur arrive à compter six sacrifices; le dernier, par la notation employée pour le jour, révèle l'influence chinoise.

Le *Moun hen pi ko* cite un autre fait, qu'il tire probablement du *Sam kouk să keui*, bien que je ne l'y aie pas retrouvé. «La 7e «année du roi Syo-tji, 炤知 (485), on ajouta comme gardes du «temple [de Si-tjo Hyek-ke-syei] vingt familles». L'inscription du Ko-kou-rye que j'ai publiée précédemment dans le Journal Asiatique (mars—avril 1898), parle abondamment des gardes des tombeaux royaux dans ce pays; il existait, semble-t-il, au Sin-ra une institution pareille, dont l'analogue se retrouve au Japon; le *Nihon gi*, 日本記, mentionne souvent les *misasagi be*, 陵戶, qui formaient une classe héréditaire de serfs soumis à une juridiction spéciale.

Au Ko-kou-rye, «la 3e année du roi Tai-mou-sin, 大武神 «(20 p. C.), on éleva le temple du premier ancêtre, le roi Tong«myeng, 始祖東明 (37—19 a. C.)» (M.h.p.k.).

Quelle que soit la valeur de cette indication, le *Sam kouk să keui*, citant le *Pę chi*, 北史, ouvrage chinois de Li Yen-cheou, 李延壽

(VIIe s.), confirme l'existence de ce culte. «Ils ont deux temples «pour des esprits; l'un s'appelle l'esprit du Pou-ye, 夫餘神, «en bois sculpté on a fait l'image d'une femme, l'autre s'appelle «l'esprit de Ko-teung, 高登神 (ou plutôt l'esprit qui s'est élevé «vers les hauteurs), on dit que c'est Si-tjo fils de l'esprit du Pou-ye. «Pour l'un et l'autre temple, on a établi des fonctionnaires, on en-«voie des hommes pour les garder. — Ce seraient la fille du dieu «du fleuve et Tjyou-mong, 朱蒙». Cette dernière phrase, ajoutée par Kim Pou-sik à l'auteur chinois, indique très exactement que le Ko-kou-rye adorait son premier roi et la mère de celui-ci; la légende de ces deux personnages, rapportée dans le *Sam kouk-să keui* et dans l'inscription du Ko-kou-rye citée plus haut, confirme que Si-tjo (Tjyou-mong, le roi Tong-myeng) et sa mère étaient nés au Pou-ye; Si-tjo ne mourut pas de mort naturelle, mais disparut en montant au ciel: de là le nom de Ko-teung.

Le *Sam kouk să keui*, rappelant ensuite de vieux mémoriaux, dit: «la 14e année du roi Tong-myeng (24 a. C.), en automne, à la 8e «lune, Ryou-hoa, 柳花, mère du roi, mourut dans le Pou-ye «oriental; le roi du pays, Kim-oai, 金蛙, l'enterra d'après les «rites d'une souveraine douairière; ensuite il éleva un temple. Le «roi Htai-tjo, 太祖, en la 69e année de son règne (121 p. C.), «en hiver, à la 10e lune, se rendit au Pou-ye et fit un sacrifice «à la souveraine douairière». Suit une liste, avec dates, de sacrifices offerts par les rois de Ko-kou-rye à leur ancêtre dans son temple de Tjol-pon, 卒本. Il faut remarquer le culte féminin et idolâtrique mentionné dans ces deux passages.

L'inscription que j'ai déjà citée et qui date de 414, fait allusion à une récente réorganisation du culte célébré aux tombeaux royaux.

De même au Păik-tjyei (S.k.s.k.) et au Ka-rak, 駕洛 (M.h.p.k.), on mentionne le culte du fondateur de la dynastie. Le culte des ancêtres royaux appartient donc à la religion primitive de la Corée, antérieure à toute influence chinoise; j'ai fait remarquer en passant quelques différences caractéristiques entre les coutumes des deux pays; j'ajouterai que, dans l'antiquité coréenne, ce culte ne paraît s'adresser qu'aux fondateurs de dynastie, aux plus remarquables parmi les souverains, et non pas à tous ceux qui se sont succédé sur le trône. Par là, l'ancienne religion coréenne touche au culte des grands hommes, des bienfaiteurs du royaume ou de la province, tel qu'il est aussi pratiqué en Chine et dans la Corée moderne et tel que je vais l'esquisser.

B. Les principaux lieux de ce culte sont les suivants.

三聖祠, *sam syeng să*, élevé à Moun-hoa, 文化, entre 1469 et 1494, en l'honneur de Tan-koun, 檀君, premier roi légendaire de Tjyo-syen, 朝鮮, de son père Hoan-oung, 桓雄, et de son aïeul Hoan-in, 桓因.

崇仁殿, *syoung in tyen*, à Hpyeng-yang, 平壤, consacré en 1102 à Keui-tjă, 箕子, fondateur légendaire du second royaume de Tjyo-syen.

崇德殿, *syoung tek tyen*, à Kyeng-tjyou, 慶州, consacré en 1429 au premier roi de Sin-ra.

崇靈殿, *syoung ryeng tyen*, à Hpyeng-yang, consacré la même année au premier roi de Ko-kou-rye.

崇烈殿, *syoung ryel tyen*, à Koang-tjyou, 廣州, fondé en 1639 en l'honneur du premier roi de Păik-tjyei.

崇義殿, *syoung eui tyen*, à Ma-tyen, 麻田, consacré en 1392 à quatre rois de la dynastie précédente, Htai-tjo, 太祖, Hyen-tjong, 顯宗, Moun-tjong, 文宗, et Ouen-tjong, 元宗.

Les dates où furent fondés les cinq premiers de ces temples, suffisent à montrer que, si le personnage que l'on adore est ancien, le culte est neuf et ne représente aucune tradition antique. Ces cinq temples, comme le sixième et comme ceux que je vais indiquer encore, ont été élevés sous l'empire des idées chinoises.

文宣王廟, *moun syen oang myo*, situé à Seoul, dans le quartier nord-est; on y adore Confucius, les quatre saints, 四聖, *să syeng*, les dix sages supérieurs, 十哲, *sip tchyel*, les six sages, 六賢, *ryouk hyen*, de l'époque des Song (Tcheou-tseu, 周子, Tchheng-po-tseu, 程伯子, Tchheng-chou-tseu, 程叔子, Chao-tseu, 邵子, Tchang-tseu, 張子, Tchou-tseu, 朱子), un grand nombre de disciples chinois et seize Coréens qui ont été jugés dignes de cette haute distinction: Syel Tchong, 薛聰, Tchoi Tchi-ouen, 崔致遠 (époque du Sin-ra), An You, 安裕, Tjyeng Mong-tjyou, 鄭夢周 (époque du Ko-rye), Tjyo Koang-tjo, 趙光祖, Kim Hong-hpil, 金宏弼, Ri Hoang, 李滉, Ri I, 李珥, Kim Tjyang-săing, 金長生, Song Tjyoun-kil, 宋浚吉, Tjyeng Ye-tchyang, 鄭汝昌, Song Si-ryel, 宋時烈, Ri En-tyek, 李彥迪, Pak Syei-tchăi, 朴世采, Kim Rin-hou, 金麟厚, Syeng Hon, 成渾 (dynastie actuelle) [6].

On peut remarquer que, si les lettrés chinois de l'époque des Song sont nombreux au temple de Confucius de Seoul, il n'y en a qu'un de l'époque des Yuen; depuis lors aucun n'a été admis. En effet, la philosophie coréenne, au début du XIVe siècle, est devenue indépendante et s'est soustraite à l'influence chinoise. A l'époque du Ko-rye, le culte de Confucius était peu pratiqué en Corée et An You (second tiers du XIIIe s.), se plaignait en voyant l'encens fumer dans les bonzeries, tandis que le temple du Sage tombait en ruines. Ce n'est d'ailleurs qu'en 983 que les instruments du culte et le plan du temple parvinrent en Corée; en 717, il est vrai, l'image du Saint, avec celles des dix sages supérieurs et des soixante-douze disciples, rapportée au Sin-ra par Syou-tchong, 守忠, avait été mise au Collége royal, *htai hak*, 太學; mais il ne semble pas que le culte ait alors été établi.

啓聖祠, *kyei syeng să*, situé au nord du temple de Confucius, fondé en 1701 en l'honneur du père de Confucius, de son fils et de quelques-uns de ses disciples.

崇節祠, *syoung tjyel să*, à l'est du même temple, fondé en 1722 en l'honneur de quelques lettrés chinois.

關王南廟, *koan oang nam myo*, au sud-ouest de Seoul, fondé en 1597 pour y adorer le général Koan Yu, 關羽 († 219 p. C.), dieu de la guerre, qui apparut à cette place, se mit à la tête des Coréens et repoussa les Japonais.

關王東廟, *koan oang tong myo*, à l'est de Seoul, bâti en 1600 à l'endroit où disparut le dieu de la guerre.

宣武祠, *syen mou să*, à Seoul, fondé en 1598 en l'honneur des généraux chinois Hing Kiai, 邢玠, et Yang Hao, 楊鎬.

武烈祠, *mou ryel să*, à Hpyeng-yang, fondé en 1603 en l'honneur des généraux et fonctionnaires chinois Chi Sing, 石星, Li Jou-song, 李如松, Li Jou-po, 李如柏, Tchang Chi-tsio, 張世爵.

忠愍祠, *tchyoung min să*, à Syoun-htyen, 順天, fondé en 1600 en l'honneur du général coréen Ri Syoun-sin, 李舜臣. Ces derniers temples se rattachent tous aux souvenirs de l'invasion japonaise et du secours apporté par les armées chinoises.

C. Parmi les autels, un, à Seoul, le *tai po tan*, 大報壇, dans le Palais Tchyang-tek, 昌德宮, est destiné au culte des grands hommes; il a été fondé en 1705 pour honorer Thai-tsou, 太祖 (1368—1398), Chen-tsong, 神宗 (1572—1619) et Yi-tsong, 毅宗 (1627—1644) des Ming: la Corée a, en effet, jusqu'à ces dernières années conservé un attachement particulier pour cette dynastie. Un ou deux autres autels, en province, sont consacrés aussi au culte des mânes; mais presque tous servent au culte des forces naturelles et d'esprits qui peuvent leur être assimilés par le genre de leurs fonctions et par le vague de leur existence humaine.

Le plus important est le *sya tjik tan* 社稷壇, dans l'enceinte de Seoul, à l'ouest, à peu de distance de la muraille. Les grands sacrifices y sont célébrés au printemps et à l'automne en l'honneur des esprits protecteurs de l'agriculture, *Kouk sya*, 國社, *Kouk tjik*, 國稷, *Hou hto*, 后土, *Hou tjik*, 后稷; les deux derniers sont des personnages de la haute antiquité chinoise, Keou-long, 句龍, fils de Kong-kong, 共工, et Khi, 棄, ancêtre des Tcheou; les premiers ne sont que des abstractions, doublets des deux autres. Ce culte est mentionné pour la première fois au Sin-ra en 784, au Ko-kou-rye en 388; il est donc d'importation chinoise.

Plusieurs autres autels sont situés hors des murs, au sud, à l'est, au nord-est, au nord de la capitale; le culte qui y est célébré, varie suivant les circonstances. Ces cérémonies, qui rentrent toutes dans les deux classes dites *tjyoung să*, 中祀, moyens sacrifices, et *syo să*, 小祀, petits sacrifices, sont faites en l'honneur des esprits du vent, des nuages, du tonnerre, de la pluie, des montagnes et des fleuves en général, des murailles de la ville, *syeng hoang*, 城隍, du froid, *să han*, 司寒, des calamités, *hpo*, 酺, des maladies des chevaux, *ma po*, 馬步; du dieu-cheval, *ma tjo*, 馬祖, qui est une constellation (*htyen să*, 天駟); du Premier Eleveur, *syen mok*, 先牧; de celle qui a inventé la sériciculture, *syen tjam*, 先蠶 (Si-ling-chi, 西陵氏, femme du mythique Hoang-ti, 黃帝); des Premiers Laboureurs, *syen nong*, 先農, qui sont l'empereur Chen-nong, 神農, et Heou-tsi (Hou-tjik) nommé précédemment. C'est là aussi qu'on offre à Tchhi-yeou, 蚩尤, le sacrifice militaire *ma*, 禡, au début d'une guerre, et aux esprits des cinq éléments le sacrifice *ou* 雩 pour demander la pluie [7]). Toutes ces manifestations religieuses sont originaires de Chine, chinoises par leur rituel, par les esprits en l'honneur desquels on les célèbre; on les retrouve dans les rituels chinois, soit contemporains, soit anciens.

II.

Culte privé des mânes.

En principe, le culte des ancêtres existe dans chaque famille coréenne, comme il existe dans la famille royale; le fils aîné est héritier des sacrifices et il présente les offrandes au père, à l'aïeul, au bisaïeul, ainsi qu'à leurs épouses, c'est-à-dire à une, deux ou trois générations d'ancêtres en ligne masculine; les ancêtres plus éloignés n'ont ni tablettes ni offrandes spéciales. Les cérémonies ont lieu aux mêmes époques, à propos des mêmes évènements que celles du culte des ancêtres royaux; elles prennent place soit dans la salle principale de la maison, soit dans une salle ou une chapelle consacrée à cet usage, soit auprès des tombeaux. A titre d'exemple, pour le sacrifice présenté par un homme du peuple, c'est-à-dire non fonctionnaire, *sye in*, 庶人, à son père et à sa mère, *ko pi*, 考妣, les offrandes sont les suivantes:

1 bol de légumes, *tchăi* 菜, 1 assiette de fruits, *koa* 果, 1 bol de viande séchée et de viande salée, *hpo hăi* 脯醢.
1 bol de foie rôti, *tjya kan*, 炙肝.
2 bols de riz cuit, *pan* 飯, 2 bols de bouillon, *kăing* 羹, cuiller et bâtonnets, *si tjye* 匙筯, pour 2 personnes [8]).
6 tasses (de vin), *tjan* 盞.

Pratiquement l'aristocratie des *ryang pan*, 兩班, et la demi-aristocratie des *tjyoung in*, 中人, célèbrent ce culte privé, qui est réglé d'après le rituel de Tchou Hi, 朱熹, et d'après les nombreux commentaires qu'en ont faits les sages coréens. L'origine même de ce culte est chinoise, tout au moins dans sa forme actuelle.

«La 6e année (1015) de Hyen-tjong, 顯宗, le vice-président «du ministère du Cens, Koak Ouen, 郭元, envoyé à la cour des «Song, dit que dans son pays toujours au 1er jour de la 1ère lune «et au 5e jour de la 5e lune, on offrait des sacrifices aux ancêtres, «aïeul et père» (M.h.p.k.).

Même sous cette forme spéciale, les sacrifices aux ancêtres dérivent, à mon avis, de l'influence chinoise, qui à cette époque s'exerçait depuis plus de six siècles et qui avait déjà agi sur toutes les coutumes coréennes. Je ne connais aucun document plus ancien relatif au culte domestique. Quant à la forme moderne des rites, elle a été prescrite par un décret royal (1390).

«Les personnages du rang de *tai pou*, 大夫, et au-dessus «offriront des sacrifices à trois générations [de leurs ancêtres]; «ceux du 6e rang et au-dessus offriront des sacrifices à deux géné«rations; ceux du 7e rang et au-dessous jusques et y compris les «hommes du peuple offriront des sacrifices seulement à leurs père «et mère; tous élèveront des temples domestiques. A la nouvelle et «à la pleine lune, on devra présenter des offrandes, *tyen*, 奠; en «sortant et en entrant (c'est-à-dire lors de tous les évènements «domestiques), on devra faire part, *ko*, 告; aux quatre lunes qui «sont au milieu des saisons (2e, 5e, 8e, 11e lunes), on devra pré«senter de la nourriture, *hyang*, 享; quand on mangera les pré«mices, on devra en offrir, *tchyen*, 薦; aux anniversaires mortuaires, «on devra sacrifier, *tjyei*, 祭. Aux jours anniversaires, il ne sera «pas permis de monter à cheval, de sortir de la maison, de recevoir «et traiter des hôtes. Pour aller aux tombeaux lors des fêtes com«munes, il sera permis de se conformer aux anciennes époques «habituelles. En ce qui concerne les jours de sacrifice, pour les «personnages de 1er et 2e rang, ce sera à chaque mois moyen, à «la première décade; pour les 3e, 4e, 5e, 6e rangs, ce sera à la «décade moyenne; pour le 7e rang et au-dessous jusques et y «compris les hommes du peuple, ce sera à la dernière décade. — «On suivit en cela les paroles de Tjyeng Moug-tjyou, 鄭夢周» (M.h.p.k.).

Un grand nombre d'édifices plus ou moins importants, portant le nom de *să*, 祠, *sye ouen*, 書院, ou *myo*, 廟, n'appartiennent pas au culte officiel dont j'ai parlé plus haut; ils sont consacrés au culte des hommes célèbres coréens ou chinois, philosophes, fonctionnaires, soldats, qui se sont fait remarquer par leur loyauté, leurs vertus, l'élévation de leurs doctrines. Le petit ouvrage intitulé *Tjo tou rok* n'en indique pas moins de 383 en dehors de Seoul, c'est-à-dire en moyenne plus d'un par district; encore ne suis-je nullement sûr que la liste soit complète. Dans quelques-unes de ces chapelles, on adore un seul personnage, dans d'autres une demi-douzaine ou davantage; certains hommes ne reçoivent de sacrifices que dans une localité, le nom de certains autres se retrouve dans toutes les provinces, dans plusieurs districts par province. Si les termes étaient pris dans leur sens exact, les *să* et les *myo* seraient essentiellement des lieux de culte; dans les *sye ouen*, la partie principale serait le *kang tang*, 講堂, où les disciples se réunissent pour lire et commenter les œuvres du maître, pour discuter et expliquer sa doctrine; dans la réalité, les trois expressions sont confondues. Elevées par la piété des descendants, des disciples, des admirateurs pour honorer la mémoire d'un maître respecté, ces chapelles recevaient des fondateurs des dons de rizières et d'esclaves; souvent le roi leur accordait des bienfaits analogues, les exemptait d'impôts, leur donnait une tablette portant quelques caractères écrits de sa main, *ăik*, 額. A certaines époques ces institutions sont devenues si nombreuses que le gouvernement dut interdire d'en fonder de nouvelles et retira même les priviléges accordés précédemment; ces mesures restrictives ne purent jamais être maintenues longtemps. En effet ces chapelles servent de lieux de réunion aux lettrés, c'est-à-dire à tous les nobles qui n'exercent pas de fonctions; ils y étudient les doctrines des maîtres, discutent les actes du gouvernement, adressent au roi des remontrances; les diverses associations locales correspondent entre elles, sont en rapport avec les lettrés du temple de Confucius à Seoul: c'est là une organisation privée, mais non occulte de l'opinion publique, du moins de l'opinion aristocratique. Il y a peu de rois qui aient osé résister longtemps aux exigences de cette caste, s'exposer à voir cesser les sacrifices et à entendre par suite murmurer le peuple, affronter même la déposition qui a atteint les princes de Yen-san, 燕山君 (déposé en 1506) et de Koang-hăi, 光海君 (déposé en 1623). C'est aussi des querelles rituelles entre chapelles différentes, entre disciples de maîtres opposés, que sont nés les partis qui ont ensanglanté la Corée au XVIIe et au XVIIIe siècles, Nam in, 南人, Ro ron, 老論, Syo ron, 小論.

La plus ancienne chapelle est celle qui a été fondée à Syounheung, 順興, en 1543 en l'honneur de An You, 安裕, par le magistrat Tjyou Syei-peung, 周世鵬; ce dernier y est aussi adoré depuis sa mort. Le *sye ouen*, 書院, institué en 990 à Hpyeng-yang 平壤, était simplement une bibliothèque (M.h.p.k., liv. 83).

III.

Cultes naturalistes et anciennes coutumes religieuses.

Si l'on remonte aux temps antérieurs à la dynastie de Ko-rye, on rencontre un grand nombre de faits indiquant une religion naturaliste développée, dont les traces se peuvent suivre jusqu'à l'époque contemporaine.

«L'endroit où Tan-koun, 檀君, sacrifiait au ciel, la tradition «rapporte que c'était Tchyem-syeng, 塹城, au sommet du Ma-ni-«san, 摩尼山, à Kang-hoa, 江華». (M.h.p.k.)

«L'endroit où [les rois de] Sin-ra sacrifiaient au ciel, la tradi-«tion rapporte que c'était l'étang Il-ouel, 日月池, du district «de Yeng-il, 迎日» (M.h.p.k.) Il faut remarquer le nom de cet étang, qui rappelle l'adoration des astres dont je parlerai tout à l'heure.

«Au Ko-kou-rye, toujours à la 10e lune, on sacrifiait au ciel. «En outre, au 3e jour de la 3e lune, on se réunissait pour chasser; «les sangliers et les cerfs que l'on prenait, on les sacrifiait au ciel. «— Au Päik-tjyei, aux quatre lunes moyennes, on sacrifiait au ciel «et aux esprits des cinq empereurs. — Au Pou-ye, 夫餘, à la «dernière lune, on sacrifiait au ciel; s'il y avait une guerre, on «sacrifiait aussi au ciel. — Les Yeï, 濊, toujours à la 10e lune, «sacrifiaient au ciel». (M.h.p.k.)

Sans accorder d'importance à la mention du souverain mythique Tan-koun, et tout en notant l'influence chinoise que décèle le nom des cinq empereurs dans les sacrifices du seul Päik-tjyei, il résulte de ces textes que le culte du ciel était très répandu en Corée et au nord de la Corée. Je ne saurais voir là un culte originaire de Chine, en raison des rites spéciaux mentionnés à propos du Ko-kou-rye et du Pou-ye par exemple, en raison aussi de l'extension du droit de sacrifier que rien n'indique comme limité au souverain; de plus les rites chinois réservent à l'empereur et interdisent à tout autre les sacrifices au ciel; l'influence chinoise devait donc faire disparaître peu à peu cette coutume et, avant tout, limiter au souverain le droit de sacrifier. C'est ce qui a eu lieu. Sous la dy-nastie de Ko-rye, le culte du ciel est célébré par le roi, tout vassal qu'il se déclare à l'égard de l'empereur; les rites en étaient proba-blement devenus chinois et le lieu de la cérémonie était, comme en Chine, un tertre rond, *ouen kou*, 圜丘. Les premiers souverains de la dynastie actuelle maintinrent ces vieux rites, qui furent accomplis pour la dernière fois par le roi Syei-tjo, 世祖 (1457). Dès le règne de Htai-tjong, 太宗 (1410, 1411, 1414), on avait discuté le droit du roi de Corée à célébrer un sacrifice que les rituels chinois réservent à l'empereur, et l'on avait proposé de remplacer cette cérémonie par un sacrifice à l'empereur bleu, *tchyeng tyei*, 青帝, qui préside aux régions orientales; on ne donna pas suite à ce projet, mais le sacrifice au ciel, supprimé, puis rétabli, ne reparaît plus après 1457.

Les sacrifices à la terre, *tjyei pang tchăik*, 祭方澤, sont d'origine chinoise, je ne les trouve mentionnés que sous la dynastie de Ko-rye, à partir de 1031; la dynastie actuelle ne les a pas connus. Toutefois le *Moun hen pi ko* ne mentionne pas moins de sept rois du Păik-tjyei qui ont offert un sacrifice à la fois au ciel et à la terre; c'est un rite différent du précédent et spécial au royaume du sud-ouest.

Le culte du soleil, de la lune, des étoiles existait au Sin-ra et au Ko-kou-rye; on le retrouve pendant la dynastie de Ko-rye. A cette époque, un autel dit *tjyei syeng tan*, 祭星壇, existait dans le district de Syen-san, 善山; la dynastie régnante en eut un du même nom à Ham-heung, 咸興, il existait aussi un autel de l'étoile de la longévité, *ro in syeng tan*, 老人星壇; les offrandes et prières présentées aux étoiles étaient brûlées. Au milieu du XVe siècle, ces cérémonies furent supprimées: comme les sacrifices au ciel, elles n'étaient pas conformes à la stricte orthodoxie du confucianisme. A l'époque du Ko-rye, des prières très fréquentes, sans dates fixes, que l'on nommait *tchyo*, 醮, étaient faites dans la cour du palais, *kouel tyeng*, 闕庭, ou dans une cour qui servait de jeu de paume, *kou tyeng*, 毬庭, et étaient adressées tantôt au ciel, à la terre, aux montagnes, aux fleuves, tantôt aux cinq empereurs, *o pang tyei*, 五方帝, ou à l'unité suprême, *htai il*,

太一, parfois à des constellations comme la Grande-Ourse, *peuk tou*, 北斗, et même, sous le roi Tchyoung-ryel, 忠烈, à un vautour en terre cuite qui était dans l'un des palais royaux (1279). Le culte des astres avait en même temps divers sanctuaires fixes dans les environs de Kăi-syeng, 開城, capitale du Ko-rye: c'étaient le *Kou yo tang*, 九曜堂, et le *Tjyo kyek tyen*, 昭格殿. Avec la nouvelle dynastie, des chapelles analogues [9]) s'élevèrent à Seoul ou dans les environs; le *Păik ak sin să* 白岳神祠, et le *Mok myek sin să*, 木覓神祠, qui dominaient la ville, étaient le lieu de prières dites *tchyo*, 醮, mais les divinités qu'on y adorait étaient des esprits des montagues, et non des étoiles. Le culte de celles-ci était célébré au *Sam tchyeng tyen*, 三清殿, et surtout au *Tjyo kyek sye*, 昭格署; à ce dernier sanctuaire étaient attachés quelques fonctionnaires, dont les titres, *syang-to*, 尙道, *tji-to*, 志道, etc., indiquent un rapport avec le taoïsme; il existait, en effet, au XIVe siècle, un enseignement officiel et des examens taoïstes (T.t.h.ht., liv. 3); mais aux XVe et XVIe siècles (1490, 1520, 1526, puis après 1592), les examens et les temples furent supprimés par suite de l'influence prédominante du confucianisme; pourtant jusqu'au XVIIIe siècle (entre 1744 et 1785), on trouve encore mention d'une salle Htai-il, *htai il tyen*, 太一殿, consacrée au culte des étoiles.

Dans le royaume de Sin-ra, à une époque où la civilisation chinoise avait déjà pénétré, les sacrifices en rapport avec l'agriculture conservaient un caractère national. «Après le commencement «du printemps, au jour *hăi*, 亥, au sud de Myeng-hoal-syeng, «明活城, dans la vallée de Oung-sal, 熊殺, on faisait le «sacrifice *syen nong*, 先農 (agriculture débutante); après le com«mencement de l'été, au jour *hăi*, à la porte du nord de Sin-syeng, «新城, on faisait le sacrifice *tjyoung nong*, 中農 (agriculture «moyenne); après le commencement de l'automne, au jour *hăi*, à

«San ouen, 蒜園, on faisait le sacrifice *hou nong*, 後農 (agri- «culture finale)» (S.k.s.k.). Faut-il rapprocher les sacrifices de printemps et d'automne des antiques cérémonies japonaises intitulées prière pour demander la moisson (à la 2e lune), *tosigohi no maturi*, 祈年祭, et présentation des prémices, *ohonihe no maturi*, 大嘗祭? Le culte chinois a un double sacrifice de printemps (l'un à la 1ère lune, adressé à l'Empereur céleste [10]), l'autre à la 2e ou à la 3e lune en l'honneur des Premiers Laboureurs, mais n'a pas de sacrifice correspondant en automne. Quant au sacrifice agricole d'été, je ne trouve rien qui puisse lui être comparé.

Au Xe siècle, on voit au contraire les rois de Ko-rye, à l'imitation des empereurs, faire un sacrifice aux Premiers Laboureurs *syen nong*, 先農, et labourer ensuite le champ sacré, *tchin kyeng*, 親耕.

De même, la place des sacrifices modernes à l'esprit des murailles de la ville, *syeng hoang*, 城隍, était tenue par des sacrifices offerts séparément aux quatre portes, aux quatre fleuves et aux quatre grandes routes. Si les sacrifices aux quatre fleuves peuvent avoir été introduits de Chine, ceux qui sont adressés aux portes et aux routes ne paraissent pas avoir tenu de place importante dans le culte de ce pays. Au contraire, le vieux sintoïsme présente les services religieux appelés *ohotono hogahi*, 大殿祭, *mikado maturi*, 御門祭, *miti ahe no maturi*, 道饗祭, à propos du palais, des portes et des routes (Satow, on Ancient japanese rituels, Transactions of the Asiatic Society of Japan, vol. VII, p. 107). Je n'entends d'ailleurs pas indiquer qu'il y ait eu emprunt de la part du Sin-ra ou du Japon, mais rappeler seulement combien une commune origine des deux peuples offre de probabilité. Quant aux prières des habitants du Ko-kou-rye aux génies d'une caverne située à l'est du pays, il s'agit évidemment là d'un culte tout local, susceptible de prendre des formes appropriées à des habitudes religieuses diverses.

Les Yei, 濊, comme les Chinois et beaucoup d'autres peuples d'Extrême Orient, regardaient les tigres comme des êtres divins. Plus spécial était le culte rendu dans le Sin-ra aux corbeaux: chaque année, à la pleine lune du 1er mois, on leur offrait un sacrifice de riz glutineux cuit. Au culte de la nature, les Coréens joignaient donc le culte de certains animaux, fantastiques ou réels; on peut encore citer le dragon qui fait tomber la pluie, le cheval qui sert l'homme, le rat et le sanglier qui lui nuisent en détruisant les moissons (M.h.p.k.). Aussi, au début de chaque année, on faisait des sacrifices généraux de propitiation et de purification; on en faisait également en temps de guerre; en pareille occasion, toutes réjouissances étaient interdites. On trouverait des pratiques analogues à la purification générale annuelle dans la Chine féodale des Tcheou et dans l'ancien Japon [11]). Je ne connais rien de semblable dans le culte chinois moderne, où l'abstinence, le lavement des mains précèdent chaque sacrifice, réalisant une pureté momentanée pour l'instant de la célébration, sans chercher à effacer des fautes commises, des souillures contractées précédemment. L'usage des purifications, des prières publiques dans les calamités, incendies, invasions, est fréquemment mentionné à l'époque du Ko-rye sous les noms de *yang*, 禳, *pal*, 軷, *ap pyong tjyoi*, 壓兵祭 (ces termes ne sont pas exactement synonymes, mais ils semblent très rapprochés par leur usage) et rappelle les purifications prescrites au Japon pour des faits accidentels; une coutume de même nature était répandue dans le peuple, qui, chaque année, au 15e jour de la 6e lune, allait se laver la chevelure au fleuve pour écarter tous les malheurs, *poul tjye poul syang*, 祓除不祥, après quoi on buvait et on se réjouissait. En Chine, au contraire, si l'empereur s'accuse de ses fautes, prescrit des jeûnes, il ne s'agit pas d'une purification destinée à effacer une souillure, mais d'une pénitence en raison d'une faute commise: le point de vue moral est unique en Chine, la question de pureté l'emporte au Japon, et aussi, semble-t-il, dans la Corée ancienne.

Les prières pour demander le bonheur et détourner les fléaux étaient encore dites au commencement de la dynastie actuelle. Imitant et outrant le désintéressement et le respect philosophique de la divinité exprimés par quelques sages souverains de l'antiquité chinoise, Htai-tjong, 太宗 (1406 et 1410) défendit qu'on demandât pour lui le bonheur et la longévité; il interdit les sacrifices qui étaient faits pour cet objet en différentes localités par des eunuques et des sorcières, disant: «[Pour la vie] longue ou courte, «il y a un nombre fixé; à quoi bon faire des prières?» Toutefois la terminologie de ce culte aboli subsista à la Cour des Sacrifices, *htai syang si*, 太常寺, dont les archives conservaient trace des cérémonies dites *măing tjyei*, 盲祭, *mou tjyei*, 巫祭, *tok kyeng tjyei*, 讀經祭, etc. Yeng-tjo, 英祖, en 1764, ordonna d'effacer tous ces termes des archives des sacrifices [12]).

Les danses ou exorcismes dits *na*, 儺, furent encore plus vivaces. Le *Tcheou li*, 周禮, en parle dans les termes suivants (section 夏官, art. 方相氏): «Il se couvre d'une peau d'ours «[ornée] de quatre yeux de métal jaune, il met des habits noirs «et rouges; il prend la lance, il porte le bouclier. Il se met à la «tête de cent valets officiels et fait les purifications de chaque «saison [13]): par là il fouille les maisons et chasse les maladies». Je ne sais comment ces danses passèrent en Corée où la première mention que j'en trouve est de 1040: sous l'empire des idées bouddhiques, le roi Tjyeng-tjong, 靖宗, supprima le sacrifice de cinq coqs que l'on coupait en morceaux afin de chasser les maladies; à la place des coqs, on offrit quatre bœufs en terre, de 1 pied sur 5 pouces. Eui-tjong, 毅宗 (1146—1170) fixa les rites des danses *na* exécutées à la 12e lune; les danseurs, âgés de douze à seize ans, étaient au nombre de quarante-huit formant deux troupes, ils portaient des masques et des vêtements voyants; l'un vêtu d'une peau d'ours, avec une culotte rouge, tenait une lance et un bouclier, il avait le masque d'or à quatre yeux du *pang syang si*, 方相氏 [14]); ils étaient accompagnés de quatre porte-bannière, quatre joueurs de corne, quatre tambours et ils chantaient en chœur une formule d'exorcisme dans le palais pour en chasser les mauvais esprits. Sous la dynastie régnante, ces danses furent exécutés chaque année aux principales portes du palais et de la ville; c'était l'occasion d'une fête publique et les marchands de chaque quartier dépensaient beaucoup d'argent pour donner de l'éclat à la cérémonie. Un censeur, ennemi du luxe et des réjouissances, obtint la suppression des *na* (1623); rétablis en 1682, ils furent définitivement abolis avant 1744.

Enfin, l'un des points les plus importants de l'ancienne religion coréenne, c'était le culte des montagnes, des fleuves, des mers. Le *Sam kouk să keui* donne la liste des lieux saints du royaume de Sin-ra, classés en trois séries, d'après leur importance (grands, moyens, petits sacrifices, *tai să*, 大祀, *tjyoung să*, 中祀, *syo să*, 小祀). La première série renferme trois noms, ceux des *sam san*, 三山, les trois montagnes, la deuxième série vingt-trois noms, *o ak*, 五岳, les cinq collines, *să tjin*, 四鎮, les quatre camps, *să hăi*, 四海, les quatre mers, *să tok*, 四瀆, les quatre fleuves, etc.; la troisième série vingt-quatre noms de montagnes: c'est une géographie sacrée plus complexe et plus systématique que celle de la Chine. Un certain nombre de ces localités sont révérées jusqu'aujourd'hui. Un culte analogue se rencontre dans le vieux royaume de Ko-kou-rye, ainsi que plus tard sous la dynastie de Ko-rye; au XIIIe siècle, on invoqua ces esprits contre l'invasion mongole et on leur attribua des miracles; le pouvoir des génies coréens était si bien reconnu que Thai-tsou des Ming, 明太祖, peu après son avènement (1370), envoya en Corée le tao-chi Siu

Chi-hao, 徐師昊, pour offrir des sacrifices aux montagnes et aux fleuves; la prière qui fut lue à cette occasion, célébrait en termes pompeux leur puissance; Siu Chi-hao érigea, en souvenir de sa mission, une stèle avec une inscription dont le *Moun hen pi ko* cite le texte.

Sous la dynastie régnante, ce culte a été constamment célébré, tantôt dans les lieux consacrées par la tradition, tantôt à un autel spécial, *san tjyen tan*, 山川壇, qui eut des gardiens officiels (1405). Dans le *Ryouk tyen tyo ryei*, qui date de 1866, plusieurs passages sont consacrés à cette question; les lieux sacrés les plus renommés sont les suivants:

三角山, *sam kak san* }
木覓山, *mok myek san* } à Seoul ou près de Seoul.
漢江, *han kang* }
松岳山, *syong ak san* à Kăi-syeng, 開城.
摩尼山, *ma ni san* à Kang-hoa, 江華.
鷄龍山, *kyei ryong san* à Kong-tjyou, 公州.
熊津, *oung tjin* id.
漢挐山, *han na san* à Tjyei-tjyou, 濟州.
南海, *nam hăi* à Ra-tjyou, 羅州.
平壤江, *hpyeng yang kang* à Hpyeng-yang, 平壤.
鴨緑江, *ap rok kang* à Eui-tjyou, 義州.
東海, *tong hăi* à Syang-yang, 襄陽.
白頭山, *păik tou san* à Kap-san, 甲山.
豆滿江, *tou man kang* à Kyeng-ouen, 慶源.
沸流水, *poul ryou syou* à Yeng-heung, 永興.

On voit par cette liste incomplète combien ce culte qui remonte au Sin-ra, a encore d'importance aujourd'hui; il a survécu malgré l'intolérance des confucianistes coréens qui a peu à peu fait disparaître tant d'autres manifestations des anciennes croyances; il est très vivace dans le peuple, qui ne s'est jamais associé à aucun des cultes d'origine chinoise dont j'ai parlé plus haut. Il n'est guère de montagne sainte où l'on ne trouve quelque sanctuaire consacré à un génie du lieu ou à un Bouddha qui en remplit l'office; à chaque passage important ou difficile, on aperçoit un arbre sacré [15]) au pied duquel chaque passant dépose un caillou; d'autres voyageurs lient aux branches une bande arrachée à leur vêtement; les dévots présentent du riz. Des offrandes analogues sont faites aux gués, aux tourbillons des fleuves. Les grands arbres, les *mi-ryek*, 彌勒, statues gigantesques, peut-être d'origine bouddhique, que l'on rencontre en assez grand nombre, les poteaux peints en rouge et dont le sommet figure grossièrement une tête humaine, sont l'objet d'une dévotion semblable. Le peuple croit aussi aux génies des maladies, par exemple de la variole et du choléra, et il tâche de les apaiser. Toutes les classes admettent les influences astrologiques, revêtant une forme plus ou moins chinoise suivant le degré d'instruction de celui qui les interprète; dans les formules et les cérémonies de cet art, on retrouve presque toujours les caractères cycliques chinois et les prédictions basées sur le *Yi king*, 易經 [16]). De même la sorcellerie, très en vogue pour connaître l'avenir par les caractères qu'un pinceau suspendu trace sous la direction des esprits, très usitée pour exorciser les maladies, est pénétrée de procédés et de rites chinois; elle est exercée surtout par des aveugles et par des femmes, *mou-tang*, 巫黨; une sorcière qui se donnait pour fille du dieu de la guerre, exerçait, il y a quelques années, au Palais une influence considérable.

Telles sont pratiquement les croyances du peuple, resté étranger d'une part au culte officiel réservé au roi et à ses représentants, d'autre part au culte des ancêtres et des grands hommes qui n'est jamais sorti de la classe des lettrés et des nobles; ces croyances ont beaucoup de points de contact avec le peu qui est connu de l'ancienne religion coréenne.

IV.

Bouddhisme.

Les formes du culte bouddhique ne diffèrent pas sensiblement en Corée de ce qu'elles sont à la Chine, d'où le bouddhisme a pénétré dans la péninsule.

Au Ko-kou-rye, «la 2e année du roi Syo-syou-rim, 小獸林 «(372), en été, à la 6e lune, le roi de Tshin, 秦, Fou Kien, 苻堅, «expédia un envoyé et le bonze Syoun-to, 順道, pour porter des «images du Bouddha et des textes sacrés. — La 4e année (374), «le bonze A-to, 阿道, vint» (S.k.s.k., liv. 18).

Au Păik-tjyei, «à la 9e lune du roi Tchim-ryou, 枕流 (384), «le bonze étranger Mārānanda, 摩羅難陀, venant de Tsin, 晉, «arriva; le roi alla au-devant de lui et manifesta le respect rituel «de l'intérieur du palais. La loi du Bouddha commença alors. — «La 2e année (385), au printemps de la 2e lune, on fonda une «bonzerie à Han-san, 漢山, on autorisa la prise d'habit de dix «bonzes» (S.k.s.k., liv. 24).

Au Sin-ra, «la 15e année du roi Pep-heung, 法興 (528), «pour la première fois, on pratiqua la loi bouddhique. D'abord, «au temps du roi Noul-tji, 訥祗 (417—458), le bonze Meuk-«ho-tjă, 墨胡子, venant du Ko-kou-rye, arriva dans le district «de Il-syen, 一善.... Alors les Liang, 梁, expédièrent un en-

«voyé pour lui donner des vêtements et de l'encens.... Arrivé au «temps du roi Pi-tchye, 毗處 (497—500), il y eut le bonze «A-to, 阿道 (on l'appelle aussi A-to, 我道), avec trois sui-«vants, qui vint aussi» (S.k.s.k., liv. 4). Je laisse de côté plusieurs détails anecdotiques, curieux mais un peu longs, relatifs au début du bouddhisme.

Les lois du Sin-ra subirent immédiatement l'influence de cette religion, il fut interdit de tuer des êtres vivants; un grand nombre de gens se firent bonzes, d'autres donnèrent leurs biens aux bonzeries et l'on dut mettre des barrières légales à cet enthousiasme; quelques rois prirent la robe de bonze, plusieurs se firent incinérer. Dès 551, on créa la dignité de patriarche du royaume, *kouk htong*, 國統, ou *să tjyou*, 寺主; à ce personnage furent soumis divers dignitaires religieux; plus tard, il y eut aussi des abbés, *tjyou htong*, 州統, et des prieurs *koun htong*, 郡統; à la fin du VIe siècle, on fonda un bureau chargé des affaires religieuses, *tai to sye*, 大道署, ou *să tyen*, 寺典; peu à peu, les bonzeries royales se multipliant, le roi même ayant sa chapelle privée, l'administration religieuse se compliqua beaucoup.

Sous la plupart des rois de la dynastie de Ko-rye, la bouddhisme fut en faveur; Syeng-tjong, 成宗, fit graver tout le Tripitaka (997), un conseil spécial, *tai tjang to kam*, 大藏都監, fut chargé de diriger l'impression des livres sacrés. Les fêtes bouddhiques étaient célébrées avec éclat dans les bonzeries, dans les yamens, au Palais; le roi, accompagné de sa cour, précédé des écritures sacrées, se rendait processionnellement aux bonzeries et était reçu par les bonzes chantant des hymnes; ces fêtes se terminaient par des festins offerts à tous les bonzes de la bonzerie, parfois à tous ceux d'un district ou d'une province. Parmi les fêtes le plus souvent célébrées, je citerai les suivantes:

mou tchya hoi, 無遮會.
ryoun kyeng hoi, 輪經會.
syou ryouk eui, 水陸儀.
tjang kyeng to tjyang, 藏經道場.
păik tjoa to tjyang, 百座道場.
koan tyeng to tjyang, 灌頂道場.

Un grand nombre de bonzeries furent construites, fortifiées, splendidement dotées; l'une des plus riches fut celle de Heung-oang-să, 興王寺, élevée de 1058 à 1067; on consacra à cette fondation les impôts et la corvée de plusieurs districts et l'on y établit mille bonzes. Abusant de leur influence et de leurs richesses, les bonzes se mêlèrent aux intrigues du palais, conspirèrent, luttèrent à main armée contre les ministres qui leur déplaisaient. Beaucoup de rois eurent près d'eux un conseiller religieux revêtu du titre de *kouk-să*, 國師, ou *oang-să*, 王師, et jouissant d'un pouvoir exorbitant; parmi les plus puissants, on peut citer Myo-tchyeng, 妙清, qui périt à la tête d'une révolte (1135), Pyen-syo, 遍照 (Sin Ton, 辛旽), qui obtint le titre de marquis, régna réellement à la place du roi Kong-min, 恭愍, et fut enfin mis à mort (1371); il avait eu l'adresse de faire prendre au roi pour son fils l'enfant que lui-même avait eu d'une esclave; c'est ainsi que Sin Ou, 辛禑, et Sin Tchyang, 辛昌, régnèrent sur la Corée (1374—1388).

Sous la dynastie régnante, la faveur du bouddhisme s'effaça devant l'ascendant du confucianisme qui devint persécuteur.

1419 suppression des cinq confessions bouddhiques, *o kyo*, 五教; on ne laissa subsister que le *syen tjong*, 禪宗, et le *kyo tjong*, 教宗.

1512 suppression de ces deux confessions.

1469 d'après les Statuts, *kyeng kouk tai tyen*, 經國大典, publiés à cette date, les bonzes sont inscrits sur un registre tenu par le Ministère des Rites; après avoir passé des examens spéciaux et payé un droit de 30 pièces de chanvre, ils reçoivent une autorisation de profession religieuse, *to htyep*, 度牒. Ces règles sont tombées en désuétude entre 1469 et 1744. Les mêmes Statuts (1469) interdisaient de construire des bonzeries nouvelles.

1512 destruction du Ouen-kak-să, 圓覺寺, bonzerie fondée à Seoul en 1464.

1661 destruction du In-syou-ouen, 仁壽院, et du Tjă-syou-ouen, 慈壽院, deux bonzeries situées à Seoul. C'est vers la même époque qu'on renouvela pour les bonzes l'interdiction d'entrer dans la capitale.

1770 défense de construire des bonzeries près des tombeaux royaux.

1776 destruction de tous les oratoires dans les yamens et dans les palais.

A l'époque où j'étais en Corée (1890 à 1892), ces lois étaient appliquées; les bonzes étaient rangés dans la classe vile, *tchyen in*, 賤人, à côté des sorcières, des tueurs de bœufs et des femmes publiques. Les lettrés, depuis plusieurs siècles, condamnent âprement le bouddhisme; ils ont évité le plus souvent d'en parler, si bien que les renseignements sont peu nombreux et ne se rencontrent guère que dans quelques livres administratifs [17]).

En opposition avec la lettre de la loi et l'opinion de l'aristocratie, il faut remarquer que plusieurs rois ont fait des aumônes importantes aux bonzeries, que Htai-tjo, 太祖, a fondé celle de Syek-oang, 釋王寺, près de Ouen-san, 元山, et Tjyeng-tjong, 正宗, celle de Ryong-tjyou, 龍珠寺 (1795) dans le district de Syou-ouen, 水原, auprès du tombeau de son père et du sien propre. Lors de l'invasion de la Corée par les Japonais (1592—1598), quelques bonzes se mirent à la tête de leurs confrères et luttèrent courageusement contre l'étranger; à cette époque, remonte l'institution des bonzes militaires qui dépendent du Ministère de l'Armée et sont chargés de garder les citadelles de Peuk-han, 北漢, et de Nam-han, 南漢, au nord et au sud de Seoul. De même, l'abbé de Ryong-tjyou-să est pourvu d'un titre civil important [18]). Un bonze, You-tjyeng, 惟政 (ou Să-myeng, 四溟) fut chargé des négociations avec le Japon (1604) et prépara la conclusion du traité qui régla les relations des deux pays jusqu'en 1876.

Dans la campagne, les bonzeries sont nombreuses, quelques-unes fort importantes, d'autres très misérables; le peuple les fréquente volontiers et leur donne des aumônes. Il connaît d'ailleurs à peine la religion et n'a pas des bouddhas une autre idée que des esprits qu'il fait exerciser par les sorcières, sinon qu'il voit dans les premiers des protecteurs et que, parmi les autres esprits, il en reconnaît de bons et de mauvais. Les bonzes eux-mêmes sont si ignorants qu'ils sont incapables d'instruire les fidèles. Pour ne pas les juger trop sévèrement, il faut songer à l'état d'abjection où ils sont maintenus depuis plus de trois siècles, et ne pas oublier le rôle qu'ils ont joué au temps du Sin-ra: ce sont eux qui ont introduit les arts de la Chine, l'écriture et la civilisation.

Notes.

1) Bibliographie; 1° ouvrages coréens:

Sam kouk sä keui, 三國史記, Mémoires historiques des Trois Royaumes, par Kim *Pou-sik*, 金富軾 (1145), livre 32 — Bibliographie coréenne, n°. 1835.

Rye sä tyei kang, 麗史提綱, Précis de l'histoire du Ko-rye, par *You Kyei*, 兪棨 (1667) — Bibl. coréenne, n°. 1857.

Kyeng kouk tai tyen, 經國大典, Statuts fondamentaux, ouvrage officiel de 1469 — Bibl. coréenne, n°. 1455.

O ryei eui, 五禮儀, les Cinq Rites, ouvrage officiel de 1476, livres 1 et 2; *Sye ryei*, 序例, préface et avertissement du même ouvrage, livre 1 — Bibl. coréenne, n°. 1047.

Tai tyen hoi htong, 大典會通, Statuts fondamentaux, ouvrage officiel de 1865, livre 3 — Bibl. coréenne, n°. 1461.

Ryouk tyen tyo ryei, 六典條例, Règlements relatifs aux six Statuts, ouvrage officiel de 1866, livre 5 — Bibl. coréenne, n°. 1462.

Moun hen pi ko, 文獻備考, Examen des archives et des écrits, ouvrage officiel de 1770, livres 23—28 — Bibl. coréenne, n°. 2112.

Tjo tou rok, 俎豆錄, Liste des temples, ouvrage récent, non daté — Bibl. coréenne, n°. 1156.

2° ouvrage chinois:

Ta tshing thong li, 大淸通禮, Rites de la dynastie des Tshing, ouvrage officiel publié après un décret de 1820.

3° ouvrage japonais:

En gi siki, 延喜式, Rites de la période En-gi (901—922), ouvrage officiel publié en 927 (voir aussi les travaux de Sir E. Satow et du Dr. K. Florenz sur les *norito*, 祝詞).

2) En Chine, dans les sacrifices à l'Empereur céleste, *hoang thien chang ti* 皇天上帝, les offrandes sont brûlées, *ryo* 燎, et non enterrées, après que l'Empereur, qui est le sacrificateur, y a goûté (*Ta tshing thong li*, liv. 1); il en est de même pour les sacrifices aux ancêtres impériaux (id. liv. 2), au soleil et à la lune (id. liv. 8).

3) Je ne sais si la reine Min, 閔, femme du roi régnant, assassinée en octobre 1894, enterrée en 1897, a eu les honneurs d'un tombeau royal.

4) Mes sources jusqu'ici sont les ouvrages suivants: *O ryei eui*, *Moun hen pi ko*, *Ryouk tyen tyo ryei*, *Tai tyen hoi htong*.

5) Troisième caractère du cycle chinois de douze termes, *ti tchi*, 地支.

6) Sur tous ces personnages, on trouvera des renseignements dans ma Bibliographie coréenne.

7) En Chine, aujourd'hui les sacrifices *tchhang yu*, 常雩, sont adressés à tous les

esprits du ciel, 天神, à tous ceux de la terre, 地祇, à la planète Jupiter, 太歲, à Heou-thou, Heou-tsi et consorts, 社稷; le sacrifice *ta yu*, 大雩, lieu quand les précédents n'ont pas amené la pluie et est offert l'Empereur céleste, 皇天上帝.

8) Remarquez que, dans les sacrifices officiels, on ne trouve pas mention de ces ustensiles.

9) Une chapelle de ce genre, *tai oang sǎ*, 大王祠, située sur le Syong-ak, 松岳, au nord de Kǎi-syeng et très fréquentée par le peuple, subsista jusqu'en 1566; elle fut alors incendiée par les lettrés avec les images qu'elle contenait.

10) L'Empereur céleste, *chang ti*, 上帝, est dans les temps modernes représenté par une seule tablette, c'est donc une divinité unique.

11) Voir *Tcheou li*, 周禮, section 春官, art. 占夢; section 夏官, art. 方相氏. — Voir Dr. K. Florenz, Ancient japanese rituals (Transactions of the Asiatic Society of Japan, vol. XXVII, p. 1) — On peut rapprocher l'expression coréenne *keui yang*, 祈禳, et son corrélatif *poul* 祓, du *ohobaraki* ou *ohoharahe*, 大祓, du culte sintoïste.

12) Remarquer le rôle important des sorciers dans le vieux culte chinois (*Tcheou li*, 周禮, section 春官, articles 司巫, 男巫, 女巫).

13) 時難, *chi no*; ce dernier caractère est pour 儺. Les commentateurs font remarquer que les *Yue ling*, 月令, ne parlent que de trois purifications qui avaient lieu à la 3e, à la 8e et à la 12e lune.

14) Le *pang syang si* figure encore dans les enterrements royaux en Corée.

15) Beaucoup de vieux arbres passent pour hantés, on n'ose les abattre; les génies qui les fréquentent, ont parfois si mauvais caractère qu'ils font déserter les maisons voisines.

16) Voir à ce sujet ma Bibliographie coréenne, livre VII, chap. II et III.

17) Les lois contre les bonzes ont été abolies le 23 avril 1895 grâce à l'influence des Japonais.

18) 正憲大夫行水原府花山龍珠寺摠攝持諸方大法師兼八路都僧統。

IMPRIMERIE CI-DEVANT E. J. BRILL, LEIDE.

www.ingramcontent.com/pod-product-compliance
Ingram Content Group UK Ltd.
Pitfield, Milton Keynes, MK11 3LW, UK
UKHW020512180726
13839UKWH00005B/2043

9 782019 912604